MIT LIEBE BACKEN & VERPACKEN

WEIHNACHTEN

1 PFUND

PRODUKTION: KATJA GRAUMANN I FOTOS: ANKE SCHÜTZ

DIE GU-QUALITÄTS-GARANTIE

Wir möchten Ihnen mit den Informationen und Anregungen in diesem Buch das Leben erleichtern und Sie inspirieren, Neues auszuprobieren. Bei jedem unserer Bücher achten wir auf Aktualität und stellen höchste Ansprüche an Inhalt, Optik und Ausstattung. Alle Rezepte und Informationen werden von unseren Autoren gewissenhaft erstellt und von unseren Redakteuren sorgfältig ausgewählt und mehrfach geprüft. Deshalb bieten wir Ihnen eine 100%ige Qualitätsgarantie.

Darauf können Sie sich verlassen:
Wir legen Wert darauf, dass unsere Ratgeber zuverlässig und inspirierend zugleich sind. Wir garantieren, dass
- sämtliche Rezepte dreifach getestet,
- alle Anleitungen und Tipps in der Praxis geprüft und
- durch klar verständliche Texte und Stepfotos einfach umsetzbar sind.

Wir möchten für Sie immer besser werden:
Sollten wir mit diesem Buch Ihre Erwartungen nicht erfüllen, lassen Sie es uns bitte wissen! Nehmen Sie einfach Kontakt zu unserem Leserservice auf. Sie erhalten von uns kostenlos einen Ratgeber zum gleichen oder ähnlichen Thema. Die Kontaktdaten unseres Leserservice finden Sie am Ende dieses Buches.

GRÄFE UND UNZER VERLAG
Der erste Ratgeberverlag – seit 1722.

KV

INHALT

TIPPS & EXTRAS

REZEPTE & IDEEN

ZUM VERPACKEN …

… eignen sich weihnacht-
liche Geschenkpapiere,
Seidenpapiere in verschie-
denen Farben, Bänder,
Draht, Glöckchen, Anhän-
ger, Maskingtape und
Sterne in allen Formen,
Materialien und Größen.

WAS SIE
BRAUCHEN

Ob Spitzbuben, Haselnussma-
kronen oder Stutenkerle – Ihre
feine Weihnachtsbäckerei
möchte liebevoll verpackt und
verschenkt werden. Welche
Materialien und Werkzeuge
für unsere Styling-Ideen
verwendet werden, sehen Sie
hier auf einen Blick. Was für
die Verpackung Ihrer Wahl
jeweils nötig wird, ist bei der
Anleitung detailliert im Kasten
»Das braucht man« aufgelistet.
Und bei den Bezugsquellen auf
Seite 61 erhalten Sie Tipps, wo
Sie was am besten bekommen.

FÜR DEN SCHNITT …

… sind verschiedene
Scheren für Papier und
Stoff wie Silhouetten-
schere, Zickzack- oder
Stoffschere, aber auch Cut-
termesser gut geeignet.

EINE RUNDE SACHE …

… sind Handlocher, Klebekreise und Ösenzange. Mit ihnen kann man an den richtigen Stellen präzise Löcher stanzen, um Bänder hindurchzuziehen oder Anhänger zu befestigen.

VERZIERT WERDEN …

… können die Geschenke und Anhänger mit ausgestanzten Sternen, Buchstaben, weihnachtlichen Motivstempeln, schwarzer oder goldfarbener Stempelfarbe (Bezugsquellen siehe S. 61), aber auch mit lustigen Illus oder Schnittvorlagen, die sich unter **www.gu.de/selbermachen/downloads** ganz einfach herunterladen lassen.

FÜR FARBE UND ZUSAMMENHALT …

… sorgen Pinsel, Bastelfarben und Acrylmarker. Zum Mischen der Farben eignen sich kleine Schälchen gut. Und damit auch alles fein zusammenhält, sind außerdem noch Klebestift, doppelseitiges Klebeband oder eine Heißklebepistole empfehlenswert.

MÜRBETEIG-PLÄTZCHEN

A star is born: Mürbeteig lässt sich vielfältig formen und spielt in Santas Backstube eine Hauptrolle!

DAS BRAUCHT MAN:

1 Bio-Zitrone
200 g weiche Butter
325 g Puderzucker
1 Ei
2 Eigelb
350 g Mehl
2 TL Zitronensaft
Ausstechformen
   (z.B. Schneeflocke groß
   und klein, Eule)
bunte oder silbrige Zucker-
   perlen

Für ca. 57 Stück (11 Eulen,
21 große und 25 kleine Schnee-
flocken)
1 Std. Zubereitung
1 Std. Kühlen
12 Min. Backen pro Blech

| 1 | Die Zitrone heiß waschen, abtrocknen und die Schale fein abreiben. Butter, 125 g Puderzucker, Zitronenschale, Ei und Eigelbe mit den Quirlen des Handrührgeräts glatt rühren. Mit dem Mehl auf die Arbeitsfläche häufen und alles rasch zu einem Mürbeteig kneten. Den Teig in Frischhaltefolie wickeln und für ca. 1 Std. kühl stellen.

| 2 | Den Backofen auf 180° vorheizen. Das Backblech mit Backpapier auslegen. Den Teig auf der bemehlten Arbeitsfläche ca. 3 mm dick ausrollen. Mit den Ausstechformen winterliche Motive ausstechen und auf das Blech legen. Im Ofen (Mitte) ca. 12 Min. backen. Die Plätzchen herausnehmen, mit dem Backpapier vom Blech ziehen und auf einem Kuchengitter abkühlen lassen.

| 3 | Für die Glasur den restlichen Puderzucker mit dem Zitronensaft und 2–3 EL lauwarmem Wasser und zu einem dickflüssigen Zuckerguss verrühren. Die Plätzchen gleichmäßig mit der Glasur bestreichen und mit Zuckerperlen verzieren.

SÜSSE SENDUNG

Die Plätzchen locken schon von Weitem – eigentlich viel zu schön verpackt, um sie gleich zu vernaschen.

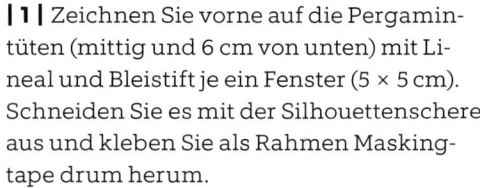

DAS BRAUCHT MAN

3 Pergamintüten (16 × 11,5 cm) | Lineal | Bleistift | Silhouetten-schere | schmales Maskingtape (hellrosa) | Radiergummi | Cuttermesser | Sternstempel (klein) | Stempelfarben (silber, schwarz) | 3 Cellophantüten (17,3 × 11,5 cm) | Klebeband | Handlocher | 30 cm grüne Kordel | 2 x 30 cm neonpinkfarbene Kordel | 3 silberne hochgepräg-te Kartonsterne

| 1 | Zeichnen Sie vorne auf die Pergamin-tüten (mittig und 6 cm von unten) mit Lineal und Bleistift je ein Fenster (5 × 5 cm). Schneiden Sie es mit der Silhouettenschere aus und kleben Sie als Rahmen Maskingtape drum herum.

| 2 | Für den Stempel zeichnen Sie mit Bleistift eine Raute oder einen Stern auf einen Radiergummi. Mit dem Cuttermesser lässt sich das Motiv an den Außenlinien ein paar Millimeter so einschneiden, dass Sie den überschüssigen Gummi seitlich wegschneiden können (siehe Bild unten). Bedrucken Sie damit oder mit einem ferti-gen Sternstempel die Tüten und lassen Sie sie anschließend gut trocknen.

| 3 | Stecken Sie jeweils 1 – 2 Kekse in eine Cellophantüte. Falten Sie den oberen Rand 2-mal um, kleben Sie ihn zu und schieben Sie die Kekse in je 1 Pergamin-tüte. Lochen Sie die Tüten und binden Sie sie mit einer Kordel zu. Damit die Kordel-enden nicht ausfransen, einfach um jedes Ende etwas Maskingtape kleben. Zuletzt einen geprägten Stern mit auffädeln.

STYLE!

STYLE!

FESTE BANDE

Schneeflöckchen, Weißröckchen: Feste Zöpfe und Silberdraht putzen die Kekse fein raus – richtig zum Anbandeln!

| 1 | Stecken Sie je 4–5 Kekse in eine Cellophantüte und kleben Sie den oberen gefalteten Rand mit Maskingtape zu. Schieben Sie die Kekstüten in die Butterbrottüten. Diese ebenfalls oben 2-mal umknicken und zukleben.

| 2 | Legen Sie je 1 Packband, 1 weiße Kordel und 2 schwarze Kordeln nebeneinander und klemmen Sie diese nach 25 cm mit einer Wäscheklammer zusammen. Jetzt flechten Sie daraus einen 30 cm langen Strang, den Sie am Ende mit einer Wäscheklammer sichern. Wiederholen Sie diesen Vorgang, sodass Sie 2 geflochtene Stränge erhalten (siehe Bild unten).

| 3 | Nun beide Zopfstränge mittig und überkreuz aufeinanderlegen und beide Kekspackungen daraufpacken. Binden Sie die Stränge zu einem großen Knoten, ordnen Sie die Bänder dann nach Farben, flechten Sie daraus einen Zopf und umkleben Sie ihn am Ende mit Maskingtape.

| 4 | Für die Sternenkette stanzen Sie aus dem schwarzen Karton 3 Sterne aus. Ziehen Sie den Draht durch die Sticknadel, fädeln Sie die Sterne auf und winden Sie den Sternendraht um den Zopf.

DAS BRAUCHT MAN:

2 Cellophantüten (17,3 × 11,5 cm) | Maskingtape mit Sternen | 2 Butterbrottüten (20,8 × 10 cm) | 2 x 80 cm Packband (3 mm) | 2 x 85 cm weiße Papierkordel (4 mm) | 4 x 85 cm schwarze Papierkordel (2 mm) | Maßband | 4 Wäscheklammern | schwarzes Maskingtape mit Schrift | Sternstanzer (2,5 cm Ø) | schwarzen Fotokarton (5 × 6,5 cm) | 28 cm Silberdraht (3 mm) | Sticknadel

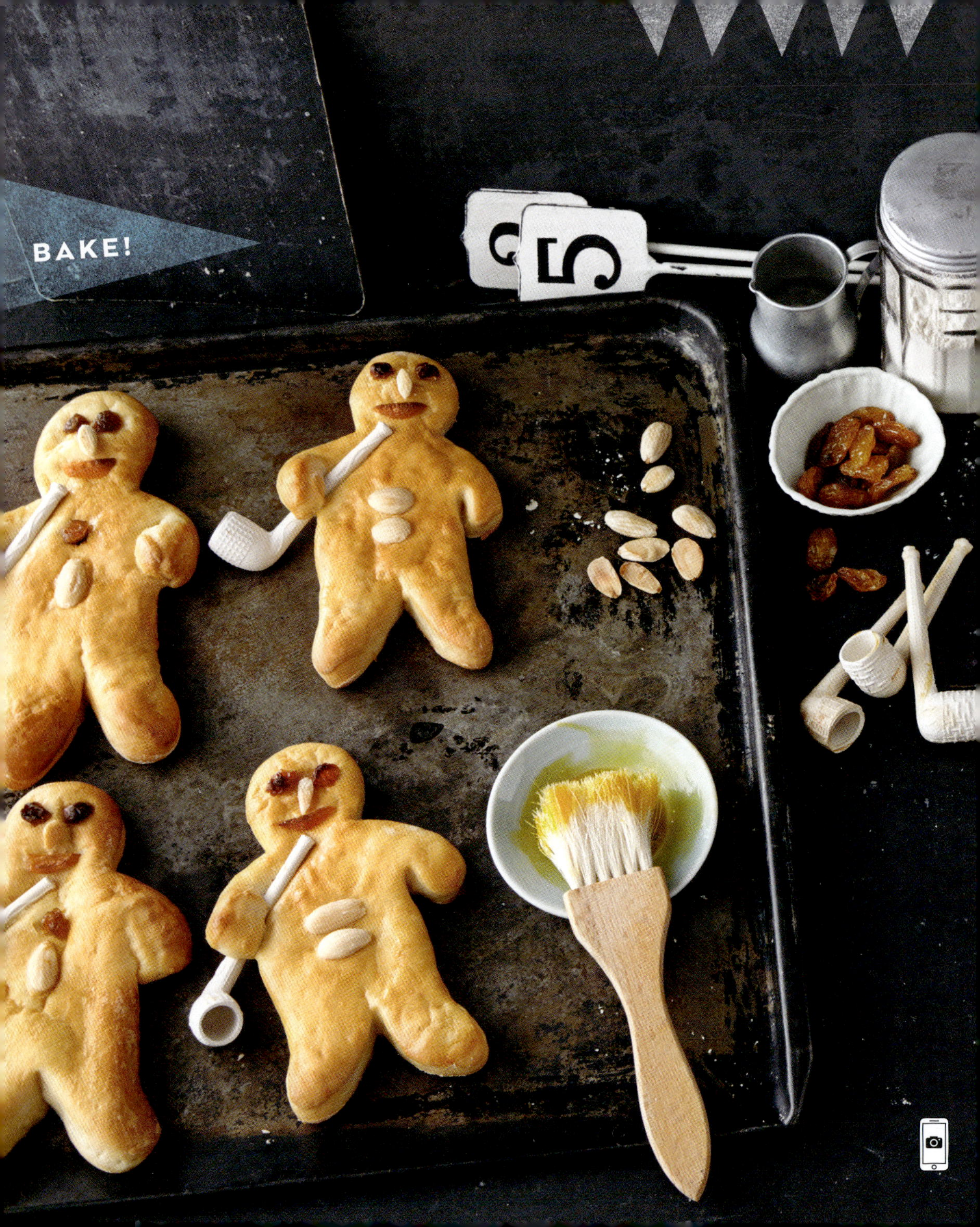
BAKE!
5

STUTENKERLE

Wer sagt denn, dass man sich die perfekten Männer nicht
backen kann? Diese hier sind jedenfalls zum Anbeißen!

DAS BRAUCHT MAN:

12 Mandeln
500 g Mehl (Type 550) +
   Mehl zum Arbeiten
1 Würfel Hefe (42 g)
250 ml lauwarme Milch
75 g Zucker
50 g weiche Butter
1 Ei
Salz
1 TL abgeriebene Bio-
   Zitronenschale
1 Eigelb
2 – 3 EL Milch
einige Rosinen
Ausstechform Lebkuchen-
   mann (12 cm)
8 Tonpfeifchen

Für 8 Stück
40 Min. Zubereitung
1 Std. 5 Min. Ruhen
25 Min. Backen

| 1 | Für die Deko die Mandeln mit heißem Wasser
übergießen. Nach ca. 1 Min. abgießen, die Kerne aus
den Häutchen drücken, halbieren und auf einem
Küchentuch trocknen lassen.

| 2 | Das Mehl in eine Schüssel geben, in die Mitte
eine Mulde drücken und die Hefe hineinbröckeln.
Mit der Hälfte der lauwarmen Milch, 1 TL Zucker
und etwas Mehl vom Rand verrühren. Zugedeckt
an einem warmen Ort ca. 15 Min. gehen lassen.

| 3 | Übrige lauwarme Milch, restlichen Zucker,
weiche Butter in Flöckchen, Ei, 1 Prise Salz und
Zitronenschale zum Vorteig geben. Mit den Knet-
haken des Handrührgeräts, dann mit den Händen
zu einem glatten Teig kneten und zugedeckt noch-
mals ca. 30 Min. gehen lassen.

| 4 | Den Teig auf der bemehlten Arbeitsfläche kurz
durchkneten und ca. 1,5 cm dick ausrollen. Mit der
bemehlten Ausstechform nacheinander 8 Stutenkerle ausstechen und jedem eine Tonpfeife in den
Arm drücken. Nebeneinander auf das mit Backpa-
pier ausgelegte Backblech legen und ca. 20 Min.
gehen lassen. Den Backofen auf 180° vorheizen.
Eigelb und Milch verquirlen und die Stutenkerle
damit bestreichen, mit Rosinen und Mandelhälften
verzieren. Im Ofen (Mitte) in ca. 25 Min. goldgelb
backen. Auf einem Kuchengitter abkühlen lassen.

STYLE!

KERLE-WG

Erste Adresse: Wo die süßen Kerle wohnen, haben weihnachtliche Naschkatzen die besten Aussichten!

| 1 | Laden Sie die Vorlagen für Dach, Fenster und Tür herunter (siehe S. 4), legen Sie das Dach nach dem Ausdrucken und Ausschneiden auf den grauen Karton, Tür und Fenster auf das Briefpapier. Übertragen Sie mit Bleistift die Konturen sowie das Innere von Fenster, Dach und Tür auf Karton bzw. Papier, zeichnen Sie alles mit dem weißen Acrylmarker nach (siehe Bild unten).

| 2 | Schneiden Sie Tür, Dach und Fenster (am besten mit der Silhouettenschere) aus. Das Dach kleben Sie auf die obere kurze Seite des Schachteldeckels, Fenster und Tür werden auf die Vorderseite geklebt.

| 3 | Polstern Sie die Schachtel mit Butterbrotpapier aus und legen Sie 2 Stutenkerle nebeneinander wie in ein Bett hinein, darüber kommt noch eine weitere Schicht Butterbrotpapier.

| 4 | Binden Sie das Haus mit der Kupferkordel zu, dabei die Enden mit Maskingtape umwickeln und die Kordel auf die Rückseite des Kartons kleben. Zuletzt werden die Glöckchen mit Draht an der Kordel befestigt und der Stern ins Fenster geklebt.

DAS BRAUCHT MAN:

2 Bogen weißes Papier DIN A4 (für den Ausdruck) | Schere | grauen Fotokarton (21 × 15 cm) | 1 Bogen graues Briefpapier DIN A4 | Bleistift | weißen Acrylmarker | Silhouettenschere | Schachtel mit Deckel (25,7 × 19 × 6,5 cm) | Klebestift | weißes Butterbrotpapier | 60 cm Kupferkordel | rot-weiß gestreiftes Maskingtape | 3 Glöckchen in versch. Farben | 10 cm Silberdraht | 1 roten Ministern

STYLE!

DOPPELTE VORFREUDE

Locker geschnürt: Wetten, dass die zwei Gesellen uns schon beim Auspacken um den Finger wickeln?

|1| Wickeln Sie die Pappe in eine bis zwei Lagen Backpapier ein und kleben Sie es rückseitig mit Maskingtape fest. 2 Stutenkerle dürfen sich probeweise darauflegen. Stechen Sie mit der geschlossenen Silhouettenscherenspitze je 2 Löcher links und rechts in Bauchhöhe der Kerle in die Pappe. Legen Sie sie beiseite und ziehen Sie je ein Band mit der Nadel so durch die Pappe, dass sich die Kerle anschließend damit festbinden lassen (Step 1).

|2| Das Paket mit weißem Backpapier, dann mit Seidenpapier einwickeln. Als Banderole dient ein Stück Butterbrotpapier, das an den kurzen Seiten je 4 cm eingeschlagen wird. Darauf je 4 Stickerpunkte in gleicher Höhe untereinander kleben, die Sie mittig mit dem Handlocher stanzen.

DAS BRAUCHT MAN:

Pappe (18 × 26 cm) | Backpapier von der Rolle (weiß) | Maskingtape | Silhouettenschere | 2 x 45 cm gestreiftes Band | dicke Wollnadel ohne Spitze | Seidenpapier (40 × 60 cm) | Butterbrotpapier für Banderole (49 × 25 cm) | 8 Stickerpunkte (3 cm Ø) | Handlocher | 185 cm Goldband | Anhänger | schwarzen Filzstift

|3| Legen Sie die Banderole um das Paket, fädeln Sie das Goldband durch die Stickerpunkte, binden Sie es zu (Step 2) und befestigen Sie einen beschrifteten Anhänger.

BAKE!

3

HASELNUSSMAKRONEN

Perfekt für das Fest der Liebe: Die nussigen Busserl sind
verführerisch wie Küsse – einfach himmlisch!

DAS BRAUCHT MAN:

2 Eiweiß
Salz
175 g Zucker
1 Päckchen Bourbon-
    Vanillezucker
200 g gemahlene Hasel-
    nüsse
ca. 45 Haselnusskerne
Spritzbeutel mit großer
    Lochtülle

Für ca. 45 Stück
30 Min. Zubereitung
2 Std. Kühlen
20 Min. Backen pro Blech

| 1 | Die Eiweiße mit 1 Prise Salz steif schlagen. Zucker und Vanillezucker einrieseln lassen und weiterschlagen, bis sich der Zucker völlig aufgelöst hat und der Eischnee Spitzen bildet. Die gemahlenen Haselnüsse vorsichtig unterheben.

| 2 | Zwei Backbleche mit Backpapier auslegen. Die Makronenmasse in den Spritzbeutel füllen und damit kleine runde Häufchen auf die Bleche spritzen, dabei zwischen den einzelnen Häufchen etwas Abstand lassen. Auf jede Makrone eine Nuss setzen und leicht andrücken. Die Makronen an einem kühlen Platz ca. 2 Std. trocknen lassen.

| 3 | Den Backofen auf 150° vorheizen. Die getrockneten Haselnussmakronen nacheinander im Ofen (Mitte) ca. 20 Min. backen. Herausnehmen, mit einer Palette vorsichtig vom Blech heben und auf einem Kuchengitter vollständig abkühlen lassen.

TIPP!

Statt mit Haselnüssen kann man die Makronen auch mit ganzen oder gehackten Mandeln, Walnusskernhälften, Pekannüssen oder weiteren Nüssen nach Belieben verzieren.

STERNTALER

In diesen festlichen Säckchen scheinen die feinen Makronen
frisch vom Himmel gefallen zu sein.

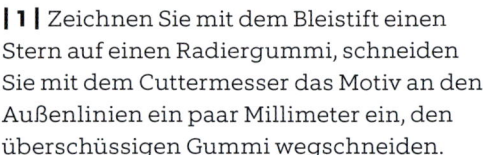

DAS BRAUCHT MAN:
Bleistift | Radiergummi | Cuttermesser | Stoffstempelkissen (rot, schwarz) | 3 gerissene weiße Stoffstücke (27 × 16 cm) | Nähmaschine | Nähgarn (blau, rot) | Stecknadeln | 3 Cellophantüten (17,3 × 11,5 cm) | Maskingtape | graues Papier (10 × 10 cm) | weißen Acrylmarker | 3 Briefklemmen (30 mm)

| 1 | Zeichnen Sie mit dem Bleistift einen Stern auf einen Radiergummi, schneiden Sie mit dem Cuttermesser das Motiv an den Außenlinien ein paar Millimeter ein, den überschüssigen Gummi wegschneiden.

| 2 | Färben Sie den Stempel in Rot, danach in Schwarz ein und bestempeln Sie damit die weißen Stoffstücke. Lassen Sie sie trocknen, bevor Sie jeweils eine Längskante des Stoffs (wird die Säckchenöffnung) mit der Nähmaschine im breiten Zickzackstich mit blauem Nähgarn versäubern.

| 3 | Falten Sie die Stoffe längs auf die Hälfte, sodass die Sterne auf der Innenseite liegen (siehe Bild unten). Heften Sie mit Stecknadeln die seitliche Naht und steppen Sie sie zusammen. Wenden Sie die Säckchen auf die bedruckte Seite, platzieren Sie die Naht mittig und steppen Sie die untere kurze Seite im Zickzackstich mit rotem oder blauem Garn zu.

| 4 | Füllen Sie je 6 Makronen in eine Cellophantüte, kleben Sie diese mit Maskingtape zu. Reißen oder schneiden Sie 3 beschriftete Papierfähnchen. Stecken Sie je 1 Kekstüte in die Säckchen und verschließen Sie sie mit Briefklemme und Fähnchen.

STYLE!

STYLE!

RABIMMEL RABOMMEL

Die guten ins Töpfchen, die weißen aufs Köpfchen: So fein behütet macht sich der süße Gruß auf den Weg!

| 1 | Legen Sie 1 Wollfaden (520 cm) auf die Hälfte, wickeln Sie ihn um den Pompon-maker, lassen Sie am Ende ca. 15 cm Wolle übrig zum Befestigen des Pompons. Schneiden Sie die Wolle entlang der Kante des Pomponmakers auf, ziehen Sie die beiden Ringe auseinander, binden Sie einen Wollfaden um die Mitte des Pompons und verknoten ihn. Ziehen Sie den Pomponmaker ab und verwuscheln Sie den Pompon. Den Vorgang noch zweimal wiederholen.

| 2 | Wenn Sie nun die Enden des Wollfadens samt Pompon mit einer Nadel mittig durch den Baking-Cup-Boden ziehen und innen verknoten, entsteht eine Art Mütze. Lochen Sie die Baking Cups an zwei gegenüberliegenden Stellen ca. 5 mm vom oberen Rand entfernt (siehe Bild unten).

| 3 | Stecken Sie je 6 Makronen in eine oben gekürzte Cellophantüte, binden Sie diese mit dem Band zu und setzen Sie jede Tüte in ein Zinktöpfchen. Darauf kommt jeweils eine Mütze. Befestigen Sie diese mit dem Goldband, das mit Maskingtape am Boden des Töpfchens festgeklebt wird. An zwei weiteren Stellen wird die Mütze seitlich am Töpfchen festgeklebt und dieses vorne mit einem Goldstern verziert.

DAS BRAUCHT MAN:

3 x 520 cm weiße Wolle | Pomponmaker (3,5 cm Ø) | Schere | Wollnadel | 3 weiße Baking Cups (unten 5, oben 8 cm Ø) | Handlocher | 3 Cellophantüten (17 × 10 cm) | 3 x 30 cm neonpinkfarbenes Band | 3 Zinktöpfchen (10 cm hoch, 8 cm Ø) | 3 x 50 cm goldfarbenes Band (3 mm) | neonpinkfarbenes Maskingtape | Klebestift | 3 geprägte Goldsterne

BAKE!

SPITZBUBEN

Machen aus Engeln kleine Bengel, denn wer möchte die
leckeren Knusperteile nicht gleich vom Blech weg stibitzen?

DAS BRAUCHT MAN:

½ Vanilleschote
350 g Mehl + Mehl zum
    Arbeiten
250 g kalte Butter
130 g Zucker
1 Eiweiß
Salz
150 g Johannisbeer-
    konfitüre
Puderzucker zum Bestäuben
Spitzbuben-Ausstechformen

Für ca. 50 Stück
1 Std. Zubereitung
1 Std. Kühlen
8 Min. Backen pro Blech

| 1 | Die Vanilleschote längs aufschlitzen und das Mark herauskratzen. Das Mehl in eine große Schüssel geben, in die Mitte eine Mulde drücken. Die Butter in Flöckchen und den Zucker auf dem Rand der Mulde verteilen. Das Eiweiß, 1 Prise Salz und das Vanillemark in die Mulde geben. Alles mit den Händen zu einem glatten Teig kneten. In Frischhaltefolie wickeln und für ca. 1 Std. kühl stellen.

| 2 | Den Backofen auf 200° vorheizen. Ein Backblech mit Backpapier auslegen. Den Teig portionsweise auf der leicht bemehlten Arbeitsfläche ca. 3 mm dick ausrollen. Die Spitzbuben ausstechen, die Hälfte mit einem Loch in der Mitte, aufs Blech legen und im Ofen (Mitte) in 6–8 Min. goldgelb backen. Herausnehmen und abkühlen lassen.

| 3 | Die Konfitüre erwärmen und durch ein Sieb streichen. Auf die ganzen Kekse verteilen, dabei rundherum einen kleinen Rand frei lassen. Die Kekse mit Loch mit etwas Puderzucker bestäuben, auf die ganzen Spitzbuben setzen und andrücken.

TIPP!

Zum Bestreichen bzw. Füllen der Spitzbuben eignen sich auch Hagebuttenmark, Himbeerkonfitüre oder Quittengelee.

STYLE!

Für Dich

STARLIGHTS

Gefalzt, gestanzt, geklebt: Schon füllen sich die Weihnachts-wundertüten mit frisch gebackenen Plätzchen – extra für dich!

| 1 | Kleben Sie je ein Backpapier auf die weiße Seite des Geschenkpapiers. Legen Sie dieses dann mit der gemusterten Seite nach unten. Falten Sie auf der kürzeren Seite 2 cm nach vorne um und falzen Sie dabei ein kleines Dreieck für die Tüten-spitze zurück. Falten Sie das entstandene Quadrat diagonal zu einem Dreieck (siehe Bild unten) und kleben Sie dieses dann an der Lasche zur Tüte zusammen. Stellen Sie auf diese Weise auch die zweite Tüte her.

| 2 | Kleben Sie je 10 Silberdrahtstücke an einem Ende mit Maskingtape zu einem Bündel zusammen. Stanzen Sie mit dem Sternstanzer aus den Papieren 20 Sterne aus und befestigen Sie diese mit der Heiß-klebepistole (oder flüssigem Kleber) an den Enden der Drähte.

| 3 | Stecken Sie jeweils 1 Sternenregen seitlich in die Tüte und kleben Sie ihn mit Maskingtape fest. Füllen Sie 5 – 7 Spitzbu-ben in jede Tüte. Kleben Sie die Klappen der Tüten mit doppelseitigem Klebeband zu. Stanzen Sie 2 Kreise aus dem Fotokar-ton aus, beschriften Sie sie und kleben Sie diese auf die Klappen der Tüten.

DAS BRAUCHT MAN:

Je 2 Bogen weißes Backpapier und gemustertes Geschenkpa-pier (23 × 21 cm) | Klebestift | 20 Stück Silberdraht (à 25 cm) | Maskingtape | Sternstanzer (2,5 cm Ø) | Packpapier, Papier (schwarz, silber, 6 × 12 cm) | Heiß-klebepistole | doppelseitiges Kle-beband | Kreisstanzer (3,2 cm Ø) | hellblauen Fotokarton (8 × 4 cm) | schwarzen Filzstift

CHRISTMAS TREES

Versteckt und zugenäht: Im Crinkle-Tannenkleid kommen Weihnachtsplätzchen besonders dekorativ daher.

DAS BRAUCHT MAN:

2 Bogen weißes Papier DIN A4 (für den Ausdruck) | 2 Hirschkopf-Illus | Silhouttenschere | Klebestift | weißen Fotokarton (10 × 10 cm) | 1 Bogen Crinklepapier (45 × 60 cm) | Bleistift | Stecknadeln | rotes Nähgarn | Nähmaschine | Ösenzange | Ösen (5 mm Ø) | 2 Cellophantüten (17 × 10 cm) | Maskingtape | 2 x Silberkordel (45 cm, 30 cm) | 2 braune Anhänger | Goldfarbe | Pinsel | ABC-Stempelset | Stempelkissen (schwarz)

| 1 | Laden Sie die Tannenvorlagen und die Hirschkopf-Illus herunter (siehe S. 4), schneiden Sie beides nach dem Ausdruck aus. Kleben Sie die Illus auf Karton auf, danach ausschneiden. Legen Sie die Tannen auf das Crinklepapier und übertragen Sie mit Bleistift jede Größe 2-mal. Steppen Sie mit der Nähmaschine 3-mal um das runde Fenster (Step 1), bevor Sie es ausschneiden.

| 2 | Je 2 Tannen aufeinanderlegen, mit Stecknadeln fixieren und die Seiten zusammennähen, die Unterseite bleibt offen. In diese wird mit der Ösenzange mittig je eine Öse gestanzt. Schneiden Sie beide Tannen entlang der Steppnaht aus (Step 2).

| 3 | Den Boden einer Cellophantüte abschneiden und die Ecken mit Maskingtape zu einer Art Dach kleben. Füllen Sie 3 Spitzbuben hinein, schieben Sie die zugeklebte Tüte in die große Tanne. Nun eine Cellophantüte auf eine Breite von 6,5 cm verkleinern, wie oben beschrieben zukleben, mit 1 Spitzbuben gefüllt ins kleine Tannenkleid stecken. Die Kordeln durch die Ösen ziehen und die Tannen zubinden. Knoten Sie die golden gefärbten und bestempelten Anhänger daran fest. Die Hirschköpfe schauen z. B. aus dem Fenster.

COVER
STAR

für dich

für dich

STYLE!

BAKE!

CHEESECAKE-MUFFINS

Im siebten Sternenhimmel: Diese cremigen Mini-Törtchen machen die Kaffeetafel zum Highlight im Advent.

DAS BRAUCHT MAN:

190 g Mehl + Mehl zum
  Arbeiten
50 g gemahlene Mandeln
50 g Puderzucker
120 g kalte Butter + Butter
  für die Förmchen
60 g Himbeer- oder Apriko-
  senkonfitüre
350 g Doppelrahmfrisch-
  käse
100 ml Kondensmilch
70 g Zucker
Mark von 1 Vanilleschote
1 Ei
12 Papierförmchen

Für 1 12er-Muffinblech
2 Std. Zubereitung
1 Std. Kühlen
30 Min. Backen

| 1 | 180 g Mehl mit den Mandeln und dem Puderzucker in einer Schüssel verrühren. Butter in kleine Würfel schneiden und in die Mitte der Mehlmischung geben. Alles zu einem glatten Mürbeteig kneten und für ca. 1 Std. kühl stellen.

| 2 | Den Teig auf der leicht bemehlten Arbeitsfläche ca. 4 mm dick ausrollen und Kreise im Durchmesser von ca. 9 cm ausstechen. Falls noch Teig übrig bleibt, mit Plätzchenausstechern Sterne für die Dekoration ausstechen.

| 3 | Die Papierförmchen in die Mulden des Muffinblechs setzen, etwas einfetten und die Kreise hineindrücken, sodass ein hoher Rand entsteht. Den Teigboden mit einer Gabel einstechen. Den Backofen auf 180° vorheizen. Auf jeden Boden 1 TL Konfitüre geben. Für die Füllung den Frischkäse mit Kondensmilch, Zucker, Vanillemark, Ei und 2 TL Mehl zu einer glatten Creme verrühren. Die Creme auf den Böden verteilen.

| 4 | Die Muffins im Ofen (Mitte) ca. 30 Min. backen. Die Sterne für die Deko mitbacken, diese aber bereits nach ca. 8 Min. herausnehmen. Danach die Muffins herausnehmen, abkühlen lassen und vorsichtig aus dem Blech lösen. Die Muffins mit Puderzucker bestäuben und mit den Sternen verzieren.

SWEET NOSED REINDEER

Hey Rudolph! Zurück zum Schlitten! Du bist zwar ein richtig Süßer, aber Geschenke naschen? Das geht gar nicht!

DAS BRAUCHT MAN:

Weckglas (½ l) | Kreppband | 2 Bogen weißes Papier DIN A4 (für Kopie und Ausdruck) | Tannenschablone | Silhouettenschere | Bleistift | Cuttermesser | Zeitungspapier | weißen Lackspray | Klebebuchstaben (1 cm hoch) | Seidenpapier (in Mint) | Backpapier oder Cellophantüten | Rentier-Illu | Karton | 2 Holzspieße (8 cm) | Klebestift | gerissenes Papier (rosa, 5,5 × 2 cm) | schwarzen Filzstift | Sternstanzer (2,5 cm Ø) | Silberpapier (3 × 6 cm) | 23 cm Silberkordel | Maskingtape

| 1 | Kleben Sie Vorderseite und Öffnung des Weckglases (damit kein Lack hineinkommt) mit mehreren Kreppbandstreifen ab. Kopieren Sie die Tannenschablone (siehe S. 60), übertragen Sie das Motiv nach dem Ausschneiden mit Bleistift auf das Kreppband. Schneiden Sie die Tanne mit dem Cuttermesser aus. Stellen Sie das Glas auf Zeitungspapier, besprühen Sie es vorne mit Lack, lassen Sie es trocknen.

| 2 | Jetzt das Kreppband abziehen und die Klebebuchstaben aufkleben. Legen Sie das Glas mit Seidenpapier aus, setzen Sie 2 Cheesecake-Muffins (den unteren in Backpapier eingewickelt) in das Glas.

| 3 | Laden Sie die Rentier-Illu herunter (siehe S. 4) und schneiden Sie sie nach dem Ausdruck und dem Aufkleben auf Karton aus. Befestigen Sie einen Holzspieß am Rentierbein. Beschriften Sie das rosafarbene Papier, kleben Sie es um den zweiten Spieß, zugleich befestigen Sie einen Stern an dessen Spitze. Stecken Sie beide Spieße in den oberen Cake. Ein Stern, an die Kordel geklebt, wird zum Schluss mit Maskingtape am Glas befestigt.

FÜR DICH

LET IT SNOW

STYLE!

STYLE!

GOLDNESTER

Süße Schätze: Ohne viel Federlesens werden uns die köstlichen Küchlein im Nu verführen!

| 1 | Bemalen Sie die Federspitzen mit Goldfarbe, stempeln Sie Namen auf den unteren Teil der Feder und lassen Sie sie trocknen (siehe Bild unten). Setzen Sie jetzt die Obstschalen auf Zeitungspapier und bemalen Sie sie rundum mit Farbe. Lassen Sie die Schalen ebenfalls gut trocknen.

| 2 | Legen Sie jeweils den breiten Streifen des Sternen-Seidenpapiers quer und den schmalen längs in die Schalen. Darauf nehmen jeweils 1 Cheesecake-Muffin mit 2 Plätzchensternen Platz. Decken Sie die Küchlein dort mit Backpapier ab, wo das Seidenpapier darübergelegt wird. Falten Sie dieses so nach außen, dass die Muffins jeweils noch etwas zu sehen sind. Kleben Sie das Papier mit einem Goldstern fest.

| 3 | Bündeln Sie je 4 Kordeln und kleben Sie jeweils etwas rosa- oder pinkfarbenes Maskingtape um jedes Kordelende. Winden Sie die Kordeln um die Schalen, machen Sie einen festen Knoten und sichern Sie diesen mit Maskingtape. Zuletzt stecken Sie in jede Schale eine Goldfeder.

DAS BRAUCHT MAN:

2 weiße Gänsefedern | Goldfarbe | Pinsel | ABC-Stempelset | Stempelkissen (schwarz) | 2 Obst-Pappschalen (9 × 14 × 5 cm) | Zeitungspapier | Decormatt-Acrylfarbe (weiß, rosa) | breiten Pinsel | 2 x doppellagiges Sternen-Seidenpapier (22 × 13 cm) | 2 x Seidenpapier (25 × 9 cm) | 2 x weißes Backpapier (8 × 8 cm) | 2 goldene Sternaufkleber | 8 x 70 cm Geschenkkordel (rosa, gold, matt-silber, glänzend-silber) | Maskingtape (rosa, pink)

MINI-PANETTONE

Für italienische Momente: Mit den aromatischen Weihnachtskuchen wird uns sofort warm ums Herz.

DAS BRAUCHT MAN:

250 ml Milch
600 g Mehl (Type 1050)
   + Mehl zum Arbeiten
⅔ Würfel Hefe (30 g)
200 g Butter + Butter für die
   Gläser
100 g Zucker
1 kräftige Prise Salz
je 1 TL abgeriebene Bio-
   Zitronen- und -Orangen-
   schale
2 Msp. geriebene
   Muskatnuss
6 Eigelb
100 g Soft-Feigen
100 g Schokoladentropfen
   zum Backen (Zartbitter)

Für 8 Sturzgläser oder Tassen
(à ca. 290 ml Inhalt)
45 Min. Zubereitung
1 Std. 40 Min. Ruhen
30 Min. Backen

| 1 | Die Milch lauwarm erwärmen. Das Mehl in eine Schüssel sieben und in die Mitte eine Mulde drücken. Die Hefe zerbröseln und in der lauwarmen Milch auflösen. In die Mulde gießen und mit etwas Mehl vom Rand verrühren. Zugedeckt an einem warmen Ort ca. 20 Min. gehen lassen.

| 2 | Die Butter schmelzen und abkühlen lassen. Dann mit Zucker, Salz, Zitrusschalen, Muskat und Eigelben dickschaumig aufschlagen. Den Eischaum zum Hefeansatz gießen und alles zu einem weichen Teig kneten. Den Teig zugedeckt an einem warmen Ort ca. 30 Min. gehen lassen.

| 3 | In der Zwischenzeit die Soft-Feigen würfeln. Den gegangenen Teig nochmals auf der bemehlten Arbeitsfläche durchkneten, dabei Feigen und Schokolade unterkneten. Nochmals zugedeckt ca. 30 Min. gehen lassen. Die Gläser fetten.

| 4 | Den Teig in 8 gleiche Portionen teilen und in die Gläser geben. Erneut ca. 20 Min. gehen lassen. Den Backofen auf 180° vorheizen. Die Panettone im Ofen (Mitte) 25–30 Min. backen. Herausnehmen, leicht abgekühlt aus den Gläsern lösen und vollständig abkühlen lassen. Nach Belieben die Panettone in Tütchen aus weißem Backpapier setzen, mit Zuckerguss glasieren und mit Nüssen, Schokoperlen und Trockenfrüchten bestreuen.

SANTAS GRUSS

Natürlich kennt Santa Claus all unsere Namen! Der Beweis? Wie sonst käme die nette, persönliche Note auf diese Gläser?

|1| Kleben Sie die Gläser auf halber Höhe mit Kreppband ab, stellen Sie sie auf Zeitungspapier, bemalen Sie die restliche Hälfte mit weißer Farbe. Entfernen Sie nach dem Trocknen das Kreppband. Schreiben Sie mit Bleistift Ihren Text auf die Farbe, kratzen Sie mit dem Kugelschreiber mit eingefahrener Mine die Buchstaben heraus und pinseln Sie die Farbreste weg (Step 1).

|2| Schreiben Sie einen Namen auf weißes Papier so vor, dass sich alle Buchstaben zusammenhängend ausschneiden lassen. Zeichnen Sie die Namensvorlage mit Bleistift auf Fotokarton nach und schneiden Sie den Namen mit der Silhouettenschere sorgfältig aus (Step 2.)

|3| Befestigen Sie den Namen an dem einen Ende des Drahts, das andere Drahtende wird um den Deckelknauf oder über den Bügelverschluss des Glases gewunden. Kleben Sie eine aus weißem Papier gestanzte Schneeflocke an den Draht. Im großen Glas nimmt ein in Butterbrotpapier gewickelter Panettone Platz, darauf kommt der Deckel mit Namen. Setzen Sie dann einen Panettone auf den Deckel des kleineren Glases, schrauben Sie das Glas darauf und binden Sie eine Kordel drum herum.

JONAS

STYLE!

EAST OF INDIA

Köstliche
Weihnachtsbäckerei
für Dich

Weihnachts
Leckerei

FÜR HEINRICH

STYLE!

SCHNEEBALLTANZ

Wer findet den süßen Schatz im Winterwald? Selbst die schneebedeckten Tannen suchen mit.

| 1 | Laden Sie die Tannenvorlagen herunter (siehe S. 4), schneiden Sie sie nach dem Ausdruck aus. Übertragen Sie den Schnitt mit Bleistift je einmal auf weißen Karton, schneiden Sie die Tannen aus (Step 1). Kleben Sie je einen Holzspieß von hinten so an die Tannen, dass ca. 4 mm hervorstehen.

| 2 | Mit einer spitzen Schere stechen Sie 3 Löcher in den Deckel der Dose. Stecken Sie die Tannen dort hinein, befestigen Sie sie von unten mit Heißkleber (Step 2). Die Pompons kleben Sie zwischen die Tannen.

| 3 | Schieben Sie den Panettone in eine Cellophantüte, die Sie mit Maskingtape zukleben, setzen Sie diese in die Dose. Schließen Sie den Deckel. Beschriften Sie das pinkfarbene Papier und kleben Sie es als Namensschild mit Stern auf die Dose.

BAKE!

SPEKULATIUS-BREZELN

Zucker, Brezeln, Mandelkern: Wenn's draußen weihnachtet, wollen wir drinnen am liebsten nur Süßes knabbern!

DAS BRAUCHT MAN:

100 g gemahlene Mandeln
125 g weiche Butter
90 g braunen Zucker
1 Prise Salz
1 Eigelb
3 TL Spekulatiusgewürz
100 g Mehl
1 Rolle Fertigblätterteig
 (ca. 275 g, Kühlregal)
1 Eiweiß
100 g Zucker
Mehl zum Arbeiten

Für ca. 50 Stück
1 Std. 20 Min. Zubereitung
30 Min. Kühlen
15 Min. Backen pro Blech

| 1 | Die Mandeln in einer Pfanne ohne Fett rösten und abkühlen lassen. Butter, braunen Zucker und Salz mit den Quirlen des Handrührgeräts cremig rühren. Eigelb zugeben und glatt rühren. Spekulatiusgewürz, Mehl und Mandeln mischen und kurz unterkneten. Den Teig für ca. 1 Std. kühl stellen.

| 2 | Den Spekulatiusteig rechteckig ausrollen (ca. 21 × 12 cm). Den Blätterteig quer halbieren. Eine Hälfte dünn mit etwas Eiweiß bepinseln. Spekulatiusteig passgenau auf den Blätterteig legen, mit Eiweiß bepinseln und mit der zweiten Blätterteighälfte belegen. Die Teigplatte in Frischhaltefolie wickeln und für ca. 30 Min. kühl stellen.

| 3 | Den gekühlten Teig auf der leicht bemehlten Arbeitsfläche 5 mm dick ausrollen, Ränder begradigen. Aus dem Teig ca. 8 mm breite und ca. 12 cm lange Streifen schneiden. Die Enden gegeneinanderrollen, damit sich der Teigstreifen wie eine Kordel eindreht und zu Brezeln oder Kringeln formen.

| 4 | Den Backofen auf 190° vorheizen. Zucker auf einen flachen Teller streuen und die Brezeln von beiden Seiten darin wälzen. Ein Backblech mit Backpapier auslegen, die Brezeln daraufsetzen und im Ofen (Mitte) in 10 – 15 Minuten goldbraun und knusprig backen. Herausnehmen und auf einem Kuchengitter abkühlen lassen.

WINTERWUNDERKUGELN

Let it snow! Der Wetterbericht verspricht: Duftende Schnee-bälle sorgen für ein Dauerhoch am Kaffeetisch.

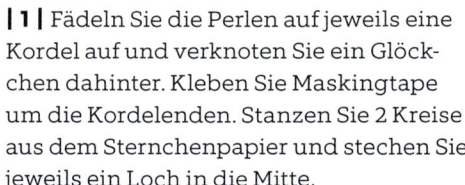

DAS BRAUCHT MAN:

3 x 2 Holzperlen (natur 10 mm Ø, rosa 8 mm Ø, hellgrün 10 mm Ø) | 2 x 12 cm Silberkordel | 2 silberne Glöckchen (10 mm Ø) | rot-weiß gestreiftes Maskingtape | Kreis-stanzer (3,2 cm Ø) | 2 x Sternchen-papier (4 × 4 cm) | Wollnadel | 4 japanische Wasara-Einweg-schalen | Klebestift | Backpapier | 4 x 50 cm Silberband | ABC-Stem-pelset | Stempelkissen (in Gold) | 2 Geschenkanhänger

| 1 | Fädeln Sie die Perlen auf jeweils eine Kordel auf und verknoten Sie ein Glöck-chen dahinter. Kleben Sie Maskingtape um die Kordelenden. Stanzen Sie 2 Kreise aus dem Sternchenpapier und stechen Sie jeweils ein Loch in die Mitte.

| 2 | Stechen Sie mit der Nadel die Ränder der Schalen in ca. 2 cm Abstand ein (siehe Bild unten). In die Mitte des späteren Deckels stechen Sie ebenfalls ein Loch. Bestreichen Sie die Rückseite der Stern-chenpapierkreise mit dem Klebestift und kleben Sie sie mittig außen auf den Deckel. Ziehen Sie jeweils eine Perlenkette mithilfe der Nadel von oben durch Sternchenpa-pierkreis und Deckel und sichern Sie jede Kette von innen mit mehreren Knoten.

| 3 | Legen Sie die unteren Schalen mit Backpapier aus. Setzen Sie je 8 Spekula-tius-Brezeln hinein, setzen Sie die Deckel darauf und binden Sie die Dosen an zwei gegenüberliegenden Stellen mit Silber-band zusammen. Stempeln Sie mit Gold-farbe einen Gruß auf die Anhänger und befestigen Sie sie an den Perlenketten.

ho ho ho

STYLE!

STYLE!

SANTA WAS HERE

KNUSPER-MÄUSCHEN

Kaum ist die Weihnachtsbackstube leer, machen sich die Mäuse über die Reste her. Doch keine Bange: Santa hat genug für alle!

| 1 | Laden Sie die Schachtelvorlage herunter (siehe S. 4) und schneiden Sie sie nach dem Ausdruck aus. Legen Sie die Vorlage auf den rosafarbenen Karton und übertragen Sie alle Schnitt- und Falzlinien mit Bleistift und Lineal.

| 2 | Schneiden Sie die Außenkanten mit einer Zickzackschere aus, den Rest mit der Silhouettenschere (siehe Bild unten). Mit Lineal (oder Falzbein) falten Sie die markierten Teile nach innen. Kleben Sie die Schachtel an den vier Laschen zusammen.

| 3 | Malen Sie den Ast mit der weißen Farbe auf der oberen Seite dünn an und lassen Sie ihn gut trocknen. Laden Sie die Maus-Illus herunter (siehe S. 4), kleben Sie sie nach dem Ausdruck auf den weißen Karton und schneiden Sie die Mäuse aus.

| 4 | Legen Sie die Schale mit Crinkle- oder Butterbrotpapier aus und setzen Sie 12 Spekulatius-Brezeln hinein. Binden Sie das gestreifte Band kreuzweise mit einer Schleife um die Schachtel. Stecken Sie Ast und Mäuse dazu und befestigen Sie das Glöckchen samt beschriftetem Anhänger.

DAS BRAUCHT MAN:

2 Bogen weißes Papier DIN A4 (für den Ausdruck) | Schachtelvorlage | Silhouettenschere | 1 Fotokarton DIN A4 (rosa) | Bleistift | Lineal | Zickzackschere | Klebestift | 1 kleinen Ast (30 cm) | Decormatt-Farbe (weiß, speichelfest, ohne Lösungsmittel) | Pinsel | Maus-Illus | weißen Fotokarton (13 × 10 cm) | weißes Crinkle- oder Butterbrotpapier (25 × 18 cm) | 90 cm gestreiftes Geschenkband | Glöckchen | Anhänger | schwarzen Filzstift

BAKE!

GEWÜRZSCHNECKEN

Kringelreihen: Jeder weiß, das Christkind backt die besten. Doch auch unsere Schnecken schmecken himmlisch!

DAS BRAUCHT MAN:

250 g Mehl + Mehl zum
    Arbeiten
160 g kalte Butter
60 g Joghurt
Salz
2 EL Kakaobohnensplitter
2 EL Zucker
½ TL Zimtpulver
½ TL Fünf-Gewürze-Pulver
25 g Hagelzucker

Für ca. 40 Stück
25 Min. Zubereitung
2 Std. Kühlen
15 Min. Backen

| 1 | Das Mehl in eine große Schüssel sieben, in die Mitte eine Mulde drücken. Die Butter in kleine Flöckchen schneiden. Den Joghurt löffelweise mit den Butterflöckchen und 1 Prise Salz auf den Rand der Mulde verteilen. Alles mit den Händen zu einem glatten Teig kneten. (Nicht zu lange kneten, sonst wird der Teig zu mürbe.) Den Teig in Frischhaltefolie wickeln und für ca. 1 Std. kühl stellen.

| 2 | Kakaobohnensplitter fein hacken. Den Teig auf der leicht bemehlten Arbeitsfläche ca. 3 mm dick zu einem Rechteck von 40 × 30 cm ausrollen. Zucker mit Gewürzen und Kakaosplittern mischen und auf den Teig streuen. Den Teig von der breiten Seite her aufrollen. Die Teigrolle für ca. 1 Std. kühl stellen.

| 3 | Den Backofen auf 200° vorheizen. Die Teigrolle auf ein mit Backpapier ausgelegtes Blech setzen und in knapp 5 mm dicke Scheiben schneiden. Die Schnecken mit Hagelzucker bestreuen und im Ofen (Mitte) in 13 – 15 Min. hellgelb backen. Herausnehmen und abkühlen lassen.

TIPP!

Statt mit Kakaobohnensplittern kann man die Gewürzschnecken auch mit 2 EL gehackter Zartbitterschokolade verfeinern.

OH, TANNENTRAUM!

Echt ein Gedicht: Geschmückt mit einem Christbaum wird aus Recycling-Schachteln ein traumhaftes Geschenk.

| 1 | Laden Sie die Tannenschablone (siehe S. 4) herunter, schneiden Sie den Ausdruck aus, übertragen Sie ihn mit Bleistift gegengleich auf den Boden von zwei Kästchen bzw. Schachteln. Malen Sie den Hintergrund um die Tanne mit weißer Farbe aus und lassen Sie ihn gut trocknen (Step 1). Kleben Sie einen weihnachtli-chen Text mit Klebebuchstaben in die Baumumrisse. Stanzen Sie einen Kreis aus Metallicpapier, schneiden Sie eine goldene Aufhängung und goldene Girlanden aus (Step 2). Schmücken Sie damit die Tanne.

| 2 | Legen Sie 2 Kästchen mit Butterbrot-papier aus, verteilen Sie jeweils 12 Gewürz-schnecken darin und bedecken Sie sie mit einer Lage Butterbrotpapier. Stülpen Sie als Deckel die mit der Tanne verzierten Kästchen darauf und binden Sie jede Ver-packungshälfte mit Garn zu, das Sie zum Schluss fest verknoten.

STYLE!

STYLE!

FUTTERKRIPPE

Endlich, es hat geschneit! Da kommen sogar die Waldtiere aus ihrem Versteck und freuen sich auf einen Festschmaus!

| 1 | Laden Sie die Hirsch- und Fuchs-Illu herunter (siehe S. 4), kleben Sie beide Tiere nach dem Ausdruck auf den Fotokarton und schneiden Sie sie mit der Silhouetten-schere aus (siehe Bild unten).

| 2 | Kopieren Sie die kleine Sternvorlage (siehe S. 60) und schneiden Sie danach 4 Sterne aus dem Metallicpapier. Dem Fuchs wird die kürzere Silberkordel um den Hals gelegt und mithilfe von 2 aufei-nander geklebten Sternen befestigt. Dem Hirsch knoten Sie die längere Silberkordel mit dem zweiten zusammengeklebten Stern an das Geweih. Kleben Sie ihm dazu goldene Engelsflügel auf den Rücken, die Sie ein wenig nach hinten umfalten.

| 3 | Kleben Sie jetzt beide Tiere seitlich an die Take-away-Boxen, stecken Sie sie dabei so hinter die Seitenklappen, dass sie etwas daraus hervortreten. Jeweils 12 Gewürz-schnecken in eine Cellophantüte stecken und diese mit Maskingtape verschließen. Dekorieren Sie etwas Seidenpapier in die Boxen und setzen Sie die Tüten hinein.

DAS BRAUCHT MAN:

3 Bogen weißes Papier DIN A4 (für Ausdruck und Kopie) | je 1 Hirsch- und Fuchs-Illu | Kle-bestift | Fotokarton (21 × 13 cm) | Silhouettenschere | Sternvorlage | 4 x 2 cm Metallicpapier (pink, gold) | 2 Silberkordeln (20 cm, 12 cm) | goldgeprägte Engels-flügel | 2 Take-away-Boxen | 2 Cellophantüten (17,5 × 11,5 cm) | Maskingtape | Seidenpapier mit Sternchen (34 × 25 cm)

BAKE!

BROWNIES

**Wer kann den Schokowürfeln schon widerstehen,
wenn sie so dekorativ funkeln im Dunkeln?**

DAS BRAUCHT MAN:

300 g Zartbitterschokolade
   (oder weiße Schokolade)
100 g Butter
200 g gesalzene Maca-
   damianüsse
100 g Zucker
5 Eier
50 g gemahlene Mandeln
50 g Mehl

Für 1 flache, rechteckige Back-
form (20 × 25 cm, ca. 42 Stück)
45 Min. Zubereitung
20 Min. Backen

| 1 | Den Backofen auf 200° vorheizen. Die Backform mit Backpapier auslegen. 150 g Schokolade hacken und mit der Butter in einem kleinen Topf bei schwacher Hitze unter Rühren schmelzen, dann leicht abkühlen lassen. Die Macadamianüsse grob hacken.

| 2 | Zucker, Eier und Schokoladenmischung mit den Quirlen des Handrührgeräts verrühren. Die gemahlenen Mandeln und das Mehl mischen und unterrühren, die gehackten Nüsse unterheben. Den Teig in die Backform geben und gleichmäßig verstreichen. Im Ofen (Mitte) 18–20 Min. backen. Die Stäbchenprobe machen: Die Brownies sind perfekt, wenn der Teig innen noch leicht feucht ist. Herausnehmen und in der Form abkühlen lassen.

| 3 | Inzwischen die übrige Schokolade hacken und in einer Schüssel über dem heißen Wasserbad schmelzen. Die Kuchenplatte in ca. 3,5 cm große Würfel schneiden. Die Brownies mit der Oberfläche in die Schokolade tauchen und fest werden lassen.

TIPP!

Zur Deko 50 g Puderzucker und 2–3 TL Zitronensaft zum Guss anrühren. In einen Papierspritzbeutel füllen, die Spitze abschneiden und Eiskristalle auf die Brownies malen.

FESTLICHER RAHMEN

Schön eingefädelt: Die schicken Schoko-Backwerke erfüllen unsere geheimsten Weihnachtswünsche.

| 1 | Bemalen Sie den Rand von 3 Baking Cups mit Goldfarbe, lassen Sie sie gut trocknen (Step 1). Bekleben Sie den Rand des Rahmens rundum mit dem hellblauen Maskingtape. Kleben Sie einen Weihnachtsgruß mit den Buchstaben-Post-its an die Kordel (Step 2), legen Sie dabei die Kordel probeweise so um den Rahmen, dass der Text später gut lesbar ist.

| 2 | Schneiden Sie die Holzspieße in 3 Teile. Stanzen Sie mit dem Kreisstanzer 5 Kreise aus dem Pergaminpapier, piksen Sie jeden Kreis auf jeweils einen Spieß und kleben Sie einen Pompon an dessen Ende (Step 3). Stecken Sie die Pomponspieße in 5 Brownies, dann 8 Brownies in die Baking Cups setzen und im Rahmen platzieren.

DAS BRAUCHT MAN:

Pinsel | Acryl-Goldfarbe | 8 Baking Cups | 1 Objektrahmen (22 × 22 cm) | Maskingtape (hell-blau, mit Buchstaben) | Klebestift | Post-it-ABC | 2,40 m Kordel (pink) | 2 Holzspieße (8 cm) | Kreisstanzer (5 cm Ø) | Pergaminpapier (12 × 18 cm) | 5 Pompons (rosa) | Schere

| 3 | Winden Sie die Weihnachtsgruß-Kordel dekorativ ein paar Mal um den ganzen Rahmen herum und sichern Sie die Kordel mit einem festen Knoten.

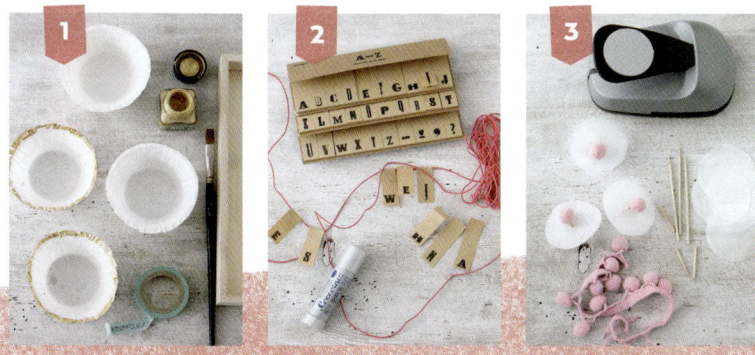

KUSCHEL-OUTFIT

Einfach bestrickend: Etwas Wolle, Faden und Papier –
schon wird die Cookie-Box zur Herzenssache.

DAS BRAUCHT MAN:

2 Cellophantüten (17,3 × 11,5 cm) |
Maskingtape | 2 Schachteln
(z.B. von Tee, ca. 14 × 8 × 8 cm) |
Packpapier (35 × 26 cm) |
doppelseitiges Klebeband |
4 weiße Klebepunkte | Bleistift |
Radiergummi | Cuttermesser |
2 weiße Stoffstreifen (3,5 × 6 cm) |
1 Stempel (Schneeflocke) | Stem-
pelkissen (schwarz) | Stoffschere |
2 x altes Strickwerk (z.B. Mütze,
Kinderrock, ca. 5 × 30 cm) |
2 x 20 cm weißes Papierband |
2 Knöpfe (ca. 2 cm Ø) | 2 weiße
Klebebuchstaben (2,6 cm)

| 1 | Füllen Sie je 6 Brownies in eine Cel-
lophantüte. Stecken Sie diese in jeweils
1 Schachtel, die Sie mit Packpapier
einwickeln. Kleben Sie die kurzen Seiten
unsichtbar mit doppelseitigem Klebeband
zu und setzen Sie je 1 Klebepunkt darauf.

| 2 | Zeichnen Sie mit Bleistift eine Tanne
auf den Radiergummi, schneiden Sie mit
dem Cuttermesser den übrigen Gummi am
Rand weg. Bestempeln Sie die Stoffstreifen
einmal mit Schneeflocke und einmal mit
Tanne (Step 1). Kleben Sie je 1 Streifen mit
doppelseitigem Klebeband auf ein Paket.

| 3 | Schneiden Sie mit der Stoffschere von
einem alten Strickteil 2 Streifen ab, die
Sie um je 1 Paket winden. Ziehen Sie das
Papierband zuerst durch beide Enden des
Strickstreifens, dann durch die Löcher
eines Knopfs (Step 2). Verknoten Sie das
Band auf der Knopfrückseite und kleben
Sie den Anfangsbuchstaben eines Namens
an das Papierband oder direkt aufs Paket.

VORLAGEN

Diese sowie weitere Vorlagen finden Sie auch
zum Herunterladen und Ausdrucken unter
www.gu.de/selbermachen/downloads

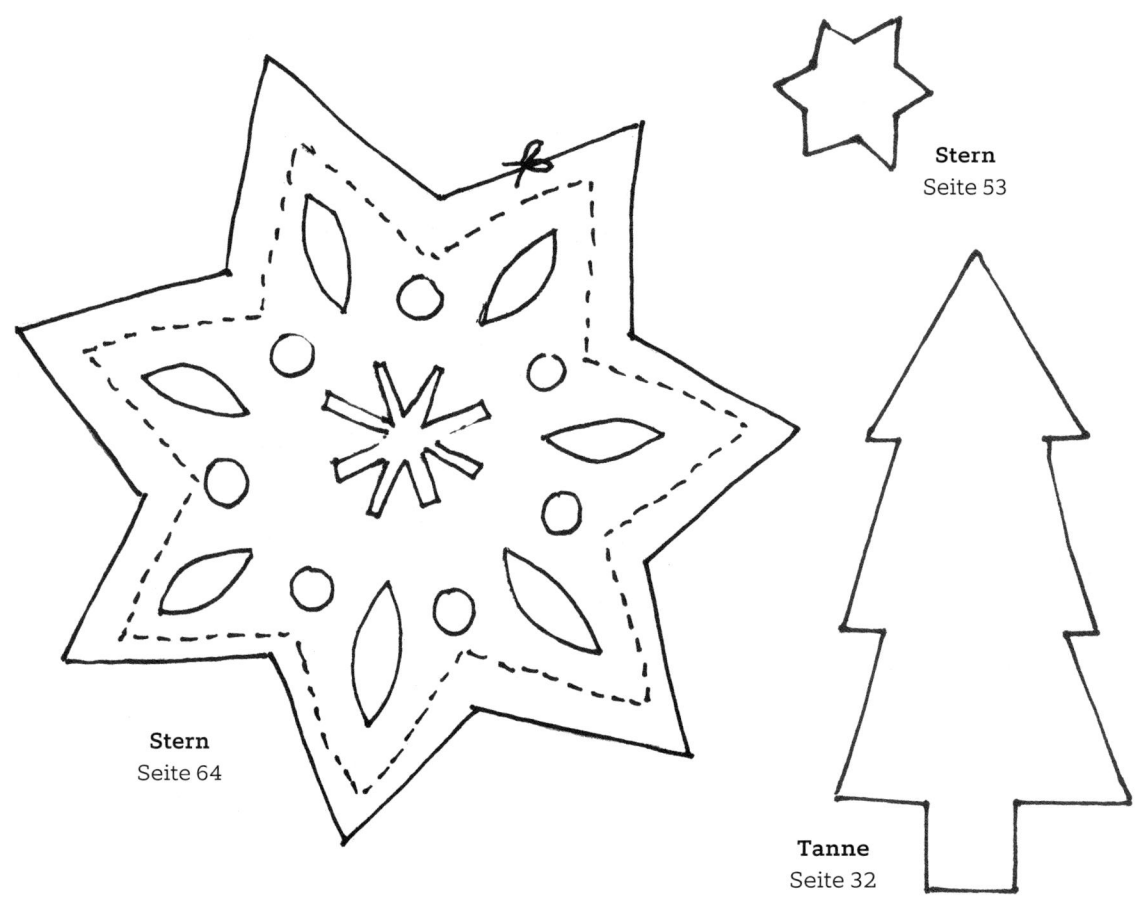

Stern
Seite 53

Stern
Seite 64

Tanne
Seite 32

BEZUGSQUELLEN

MATERIALIEN UND DEKO

DaWanda
de.dawanda.com
Maskingtape, Stoffstempelfarbe

Elisabeth Holzapfel
www.holzapfel-design.de
Ornamente (S. 23), Papierdesign

Franks Home
www.franks-home.de
Silbersterne (S. 9), Stutenkerlpfeifen
(S. 12), Sternstanzer (S. 27), Federn, ABC-
Stempelset (S. 32, 44), Schneesternstanzer
(S. 38), Kreisstanzer (S. 44), Food-to-go-
Boxen (S. 52), Prägetannen, Pappmaché-
Modelliermasse (hintere Innenklappe)

Handelshaus Laegel
www.laegel.net
Backutensilien, Keksausstecher, Leb-
kuchenmann-Ausstecher (S. 15)

idee.com der creativmarkt
www.idee-shop.com
Lackspray, Farben, Holzkugeln, Papiere,
Maskingtape, Goldfarbe (S. 32, 57), Papp-
dose (S. 41), Objektrahmen (S. 56)

Ikea
Gewürzdosen (vordere Innenklappe),
Pfefferkuchenkekse (S. 64)

JapaCasa
www.japacasa.com
Wasara-Einwegschalen (S. 44)

Kirsch Interior
www.kirsch-interior.de
Pergamintüten, Ausstecher (Eule, Schnee-
flocke, S. 8; u.v.a., hintere Innenklappe),
Klebepunkte (S. 17), Pomponmaker,
Cupcakeförmchen (S. 23, 57), Anhänger
(S. 28), Engelsflügel, Sternenseidenpapier
(S. 53), Pomponborte (S. 57), Klebebuch-
staben, Schneeflockenstempel (S. 58)

Schoene-papiere.de
www.schoene-papiere.de
Crinklepapier (S. 28, 47)

Studio Oppermann
www.studio-oppermann.de
Post-it-ABC (S. 57)

BASTELWERKZEUG

Marabu
www.marabu.de
Decormatt Acryl-Farben (S. 27, 35, 47)

Rayher Hobby
www.rayher-hobby.de
Silhouettenschere, Cuttermesser, Heißklebepistole, Handlocher, Silberdraht,
Glöckchen, weiße Minipompons (S. 41)

PROJEKTLEITUNG:
Kathrin Ullerich,
Dorothea Schwarz
LEKTORAT:
Julei M. Habisreutinger
REDAKTIONELLE MITARBEIT:
Katja Mutschelknaus
KORREKTORAT: Adelheid
Schmidt-Thomé
INNEN- UND UMSCHLAG-GESTALTUNG: independent
Medien-Design, Horst Moser,
München
HERSTELLUNG: Petra Roth
SATZ: L24 Media Solutions, Berlin
REPRODUKTION: Medienprinzen,
München
DRUCK UND BINDUNG:
Schreckhase, Spangenberg
SYNDICATION:
www.jalag-syndication.de
Printed in Germany

1. Auflage 2015
ISBN 978-3-8338-4661-8

www.facebook.com/gu.verlag

GRÄFE
UND
UNZER

Ein Unternehmen der
GANSKE VERLAGSGRUPPE

DIE AUTORIN

KATJA GRAUMANN beschäftigt sich gerne mit den schönen Dingen des Lebens und hat ihre Leidenschaft zum Beruf gemacht: Die Diplom-Designerin arbeitet seit Jahren als freie Stylistin für renommierte Wohn- und Frauenzeitschriften. Anregungen für ihre Ideen sammelt Katja Graumann immer und überall, beim Stadtbummel, auf Reisen, in Cafés und auf Streifzügen über Flohmärkte.

DIE FOTOGRAFIN

ANKE SCHÜTZ arbeitet als selbstständige Fotografin für namhafte Buch- und Zeitschriftenverlage in den Bereichen Food und Lifestyle. Bei der Produktion dieses Buches wurde sie von Diane Dittmer (Foodstyling) unterstützt.

BILDNACHWEIS

Alle Fotos stammen von Anke Schütz.

TITELFOTO

»Christmas Trees« (S. 29)

UMWELTHINWEIS:

Dieses Buch ist auf PEFC-zertifiziertem Papier aus nachhaltiger Waldwirtschaft gedruckt.

Liebe Leserin, lieber Leser,

haben wir Ihre Erwartungen erfüllt? Sind Sie mit diesem Buch zufrieden? Haben Sie weitere Fragen zu diesem Thema? Wir freuen uns auf Ihre Rückmeldung, auf Lob, Kritik und Anregungen, damit wir für Sie immer besser werden können.

GRÄFE UND UNZER Verlag
Leserservice
Postfach 86 03 13
81630 München
E-Mail:
leserservice@graefe-und-unzer.de

Telefon: 00800 / 72 37 33 33*
Telefax: 00800 / 50 12 05 44*
Mo–Do: 8.00–18.00 Uhr
Fr: 8.00–16.00 Uhr
(* gebührenfrei in D, A, CH)

Ihr GRÄFE UND UNZER Verlag
Der erste Ratgeberverlag – seit 1722.

BACKOFENHINWEIS:
Die Backzeiten können je nach Herd variieren. Die Temperaturangaben in unseren Rezepten beziehen sich auf das Backen im Elektroherd mit Ober- und Unterhitze und können bei Gasherden oder Backen mit Umluft abweichen. Details entnehmen Sie bitte Ihrer Gebrauchsanweisung.

Die werden Sie auch lieben.

PIMP YOUR LEBKUCHEN

Leise rieselt der Schnee: Mit Zuckerpuder und Schablone

zaubern wir den Klassikern ein festliches Make-up!

DAS BRAUCHT MAN:

1 – 2 Bogen weißes Papier | Bleistift | Stern-,
Herzschablonen | Silhouettenschere | ferti-
ge Lebkuchen | Puderzucker | kleines Sieb

| 1 | Zeichnen Sie mit Bleistift eigene Ent-
würfe für Stern- und/oder Herzschablonen
in der Größe der Lebkuchen auf ein Papier.
Schneiden Sie diese Vorlagen dann mit der
Silhouettenschere sorgfältig aus. Sie können aber auch unsere Schablonen nehmen,

die sich ganz einfach kopieren (siehe S. 60)
oder herunterladen (siehe S. 4) lassen.

| 2 | Legen Sie die Lebkuchen auf ein Tab-
lett und decken Sie jeden mit einer Schablone ab. Jetzt bestäuben Sie die Lebkuchen
mit Puderzucker mithilfe eines kleinen
Siebs. Entfernen Sie danach die Schablonen vorsichtig und platzieren Sie die ver-
zierten Lebkuchen auf kleinen Tellern als
Tischdeko für Ihre Gäste.